제3의문학 詩壇 **8**

이금호 시집

꽃 피는 동안, 꽃 지는 동안

제3의 문학

| 自序 |

시와 동행하는 시간은 아깝지 않았다.
알 수 없는
내 안의 나에게

아프고도
황홀한,

어루만져주었던
투명한 빛들

아직은 부끄러운 시간이지만.

2024년 겨울
이금호

차례

自序 · 3

제1부 · 물결

강물 · 11

두 사람 · 12

분갈이 · 13

당신 · 14

딱새 · 15

석양 · 16

물결 · 17

만조 · 18

먼 당신 · 19

늦매미 · 20

행운목 · 21

정말 · 22

눈꽃 · 23

배롱나무 · 24

연착 · 25

산벚나무 · 26

간헐적 슬픔 · 27

다림질을 하며 · 28

콩나물국 · 29

바람에게 · 30

제2부 · 5분, 그 사이

입동 무렵 · 33

가을 나무 · 34

거울을 보는 노인 · 35

복사꽃 지는 날 · 36

은행잎 · 37

5분, 그 사이 · 38

군고구마 · 39

묵은김치 · 40

그날 · 41

빈집 · 42

엄마는 부재중 · 43

꽃 피는 동안, 꽃 지는 동안 · 44

두 여자 · 45

기일 · 46

소녀가 사는 법 · 47

제3부 · 부레옥잠화

불빛 · 51

내 마음 · 52

영주 · 53

두고 나온 입 · 54

울컥, · 55

부레옥잠화 · 56

독설 · 57

바퀴벌레 · 58

불면 · 59

공연히 · 60

그런 말들 · 61

달 · 62

빗방울 전주곡 · 63

내 뒤쪽을 · 64

혼술 · 65

외출 · 66

등나무 아래 · 67

뒤돌아보면, 거기 · 68

아침 · 69

바다 · 70

쏘아 올리다 · 71

일출 · 73

강변 · 74

시간 · 75

제4부 · 또, 소나기

글자는 요가 중입니다 · 79

교보문고에서 · 80

홍어 · 81

뱃살 · 82

12월 · 83

무거움 · 84

믿음 · 85

내 발가락 · 86

낙조 · 87

악습 · 88

또, 소나기 · 89

날개의 비밀 · 90

빈자리 · 91

한동안 · 92

계국지 · 93

늦가을 · 94

|跋文| 무심(無心)한 언어로 그리는 사랑의 길
/ 오홍진 · 95

제1부

물결

강물

말하지 마세요

흔들리고 있다고
떠나간다고
뒤돌아보고 있다고

말하지 마세요

물속 깊은 곳에
낮은 눈빛으로
떠오를 때까지

더 오래
흘러가거나
머무르거나

두 사람

미완성 작품이 마주 보고 있다

액자를 걸고 보니
두 얼굴 사이의 기울어진 간격은

짐작으로 줄을 맞추고
짐작으로 눈을 맞추고

못질한 흔적은 그대로인 채
벽마다 구멍이 나 있다

오래된 벽지와 새로 바른 벽지가
닮은 듯 다른 듯이 붙어 있다

벽 틈 사이에 낀 침묵들

밀고 당기는 그림자

지금은 잠시 휴식 중

분갈이

하필, 내가 던진 말에
작은 꽃 잎사귀 부러졌다
깨진 화분 속에 엉켜 있는 잔뿌리

피우다 만 꽃망울이 얼굴을 숙이고 있다

오래전에 데인 흉터가
다시 붉어지고

잔가지를 쓸어 모아
내 마음을 세워 보는데
미처 하지 못한 말과
하고 싶은 말이 곁가지를 치기 시작한다

이참에
분갈이를 해버릴까

쾅, 방문 닫히는 소리

오래도록 남아있는 결혼기념일

당신

바람이었나요
슬그머니 방문 열고 파고드는 당신
밤새 창문을 흔들고
지친 몸 끌고 와 누워버립니다

잠이 깬 나는
바람의 등짝에 기대어 뒤척이고 있네요

그렇게 당신은 살자 했지요

한순간 베어 버리고
오랫동안 가두어 놓은 것

인간의 집착은 두 차원을 함께 묶어놓은 것

먼지보다 가벼운 몸을 끌고
생의 언덕을 넘나드는 당신

당신을 좇아가는 길
내 그림자는 보이지도 않네요

딱새

딱새 한 마리가 길을 가로막고 있어요
눈 마주치자 화들짝 몸을 털고 있네요

한참을 오지도 가지도 못한 채 서 있네요
무슨 말을 하려는 듯 입술을 쫑긋거렸지만
알아들을 수 없었어요

탄식하지 말아요
딱새의 영혼,

멀리는 가지 말아요

금방 어두워지니까요

석양

오늘도 제 자리에서

오직,

한 사람을 향한 세리머니

하늘까지 흔드는 절절한 몸짓

언덕에 서서

몰래 우는 늦사랑

물결

물결이 일렁인다

어디서 와서 가만히 스몄을까

결이 눕고
파도가 무늬를 끌고 와 춤을 춘다

떨면서 떨리면서
흔들거리는 어둠의 조각

점점 사나워지는 소용돌이

밀려가고 밀려오는 영혼의 분할

만조

방향을 흔들고 있는
밀어는

발자국 어지럽게 흩어져 있네

구름은 오다 말다 수평선에 서 있고
바다는

온종일 제 몸 뒤척이고 있네

내 곧은 눈으로 보면
잠시 망설이면서도 신중하게 받들던
저 사랑의 중력

먼 당신

바람은

바람의 방향으로만 흘러가고 있는지

당신 곁에 머무를 수 없네

약속이 없으면 꿈길로 만나면 되는 것을

허나

별은 제자리에서 반짝이고 있는 것을

늦매미

오솔길을 걷습니다
홀로 남겨진 매미 한 마리
긴 울음으로 여름을 붙들고 있습니다

그리운 얼굴
언제쯤 볼 수 있을까요
울다 지친 매미
산 그림자 앞에서
하늘 바라기하고 있습니다

순간의 이쪽과 저쪽 사이

어디서 사르르 날아 온 풀잎 하나
안부를 전해 주고 있습니다

순간의 이쪽과 저쪽 사이

행운목

아파트 화단에서 만난 나무토막
허리 끝에 눈물방울이 매달려 있다
이러지도 저러지도 못하는 공간

말라버린 가지는 잘라내고
토막 난 줄기를 심었다
햇볕 끌어다 덮어주고
눈 맞추고
물주는 일도 잊지 않고

어느새
두 갈래 길이 보이는구나

집착과 무관심이 병을 만들었으니

통상적인 사랑으로 길을 만들자꾸나

정말

치킨 한 조각
먹을까 남길까

그러니까
생각한다는 것은
깨닫는 것인지

깨달음을 지우는 것인지
모르겠어
정말

슬픔이 슬픈 것은
내 슬픔을 모르기 때문인지 몰라
정말

벌써 몇 년이 흘렀는지 몰라

눈꽃

해가 진 뒤
문득 눈시울이 붉어졌다

저녁은 오고
저녁 언저리를 맴도는 빗방울처럼
서성이는 발자국

겨울 같은 봄날에
오지 않는 꽃을 기다리는 일

어제의 예감과
오늘의 문장들 그리고
의식하지 못한 정신의 벽

어둠 속에 오래 서 있던
눈동자의 길목들

눈꽃이 뚝뚝 떨어진다

배롱나무

그대 마음 모르겠네

내가 묻고 대답하는 사이
겨울 가고 여름이 왔네

간간이 바람 불어와
내 몸 흔들고 지나갔지만
그뿐이었네

천둥 치던 어느 날
붉은 꽃잎 툭 떨어질 때
나도 따라가고 싶었네

약속은 허망하고
나는 홀로 남았네

꽃 진자리
하늘이 내려다보고 있네

연착

그대를 기다리는데
몸속 어딘가 달그락 부딪는 소리
잡을 수도 만질 수도 없는 거리

오고 있는지
올 수 없는지

마주친 뭉게구름은 자리를 바꿔가며
나를 따라오네

생각도 내려놓고
바람의 말을 듣고 있을 때
무심코 들려오는 안내 방송

햇살과 구름만 데리고 대기하시기 바랍니다
내 마음속 언어는 무한 연착입니다

산벚나무

기억에 남아있는 사람
길을 가다가 우연히 마주쳤다

시간은 돌 속에 있지 않았다

오랜만이지요
무슨 빛의 안내를 받았는지 근엄한 표정

무슨 말인가 할 듯 말 듯

햇살도 잠시 비껴가는 벚나무 아래서
눈빛만 오고 가는
봄날 오후

간헐적 슬픔

블라인드를 내리다 창밖을 보았다

해는 기울고
앙상한 나무들이 서 있다

한 사람은
방에서 나오지 않았다

저녁밥은 식었고
티브이는 혼자서 시끄럽다

헨델의 라르고*는
밤새 울었다

*헨델의 섬세한 선율 감각과 감정표현이 잘 나타난 작품

다림질을 하며

바겐세일에서 건진 와이셔츠 한 장
다려도 다려도 펴지지 않는다
비싼 화장품 아무리 발라도 펴지지 않는
주름처럼

누런 깃 속에 파묻힌 세월의 자라목
땀에 전 후줄근한 어깻죽지
근육 마디마디 접힌 주름 더께
반듯하게 세우고 편다

매일 아침 자존심을 다림질한다

콩나물국

익숙한 듯
무심한 듯
아득한 사이

검은 머리가 파뿌리가 되어
있어도 없어도 묻지 않는
있어도 없어도 다 아는 사이

살갑진 않아도
서로가 서로를 보듬어 주는 사이

머리 따로 가슴 따로 흔들지 말고
그냥저냥 풀어서
슴슴하게 먹는 콩나물국처럼

누구의 누군가의
그런 사이

바람에게

그대는 누구신가

약수터에서 물을 한 바가지 마시고
타박타박 혼자 걷는 길
불쑥 그리움이 따라붙는다

길게 서 있는 나무들
서로 마주 보며 길을 내준다

생각을 밀쳐내면 순식간에
망설임도 없이 달려드는

그대는 누구신가

바람이 불러낸 도식

제2부

5분, 그 사이

입동 무렵

가을도 끝자락
보도블럭 위에
은행잎이 이불을 덮어주고 있다

겨울 채비를 하는지
가만히 흩뿌려 놓고 가는 낙엽들

다 내주고 덜어낸
몸부림친 흔적
나무들이 숯 검댕이 얼굴로 서 있다

나는 우두커니 서서
저물어가는 산자락을 본다

가을 나무

상수리나무 한 그루가
할머니를 업고 오시네

뒤따라오던 세찬 바람이
나뭇잎을 흔들고

온몸에 울긋불긋 검버섯을 피우고
날아다니는 낙엽들

다 내주고
서 있는 저 나무

헐거워진 산 그림자가
집안으로 들어오시네

거울을 보는 노인

어떤 노인이
길가 모퉁이에 쪼그리고 앉아
반사경 거울을 보고 있다

평생 처음인 듯한 눈매로
거울을 보고 있다

그것은 허무일까
고단한 하루일까
그것도 아니라면
뼈마디 숭숭 뚫고 지나가는 바람일까

나는 간절한 심중으로
노인을 바라보았다

반사경 거울에 덮인 먼지를
그것만 피해주기를 기다리면서

복사꽃 지는 날

주인 없는 무덤가에 흰 나비 한 마리
누구를 그리워하는 걸까
하얀 대낮에 나부끼는 꽃잎들

홀연히 떠난 꽃잎들
누가 그 얼굴을 기억해줄까

남아있는 꽃받침 달고 추레한 얼굴로 서 있다

봄은 기다리지 않아도 찾아온다

살아있다는 건
지금 마주 보고 웃는 일

은행잎

눈길만 닿았을 뿐인데

은행잎 하나가
비슬비슬 떨어지네요

폭염은 며칠째 이어지고
온몸에는 황달기
땅바닥에 누워있어요

등 허물 벗겨진 채
누구를 기다리나요

노인의 주술인 듯
잠들지 마세요

이파리는 눈을 깜박거려요

밤새 은행나무는 달을 붙잡고 있어요

5분, 그 사이

야심한 시간
멀리 마트 불빛이 보인다
황망 중에 뛰어왔건만 문이 열리지 않는다

허공을 두드린다
문이 열리고
"12시 5분입니다 5분 지났습니다"
어둠 속 남자는 사라진다

나는 늘 한 발짝 늦은 뒤였다

돌아갈 수 없는 시간
별은 보이지 않는다
닫힌 문 앞에서

아버지는
5분을 기다리지 못하고 임종에 드셨다

군고구마

그날도
몸에서는 시큼한 냄새가 진동했다

비쩍 마른 몸
눈물을 그렁그렁 매달고 나를 쳐다보던 당신

마지막 가는 길

불구덩이 속에 뛰어들어
떠난 그분의 평생

목이 잠긴다

묵은김치

군내 나는 김치
설탕물에 반나절 우려내고
멸치국물에 보글보글 끓여내는 맛

풋내나던 시절도 가고
점심은 먹는 둥 마는 둥
김치냉장고를 뒤적여보네

내 손을 반갑게 잡는
곰삭은 묵은지 한 통

사람들 입맛을 달래주는 밥도둑

그날

느티나무 아래 울고 있는 저 아이
점점 더 큰 소리로 울고 있지만
아무도 거들떠보지 않았네

갑자기 큰 그림자가
덥석 아이를 붙들고 사라질 때
젊은 여자의 목소리가 오랫동안 흐느끼고 있었네
내가 마주친 순간들이
나무 그늘 속으로 빨려 들어가고 있었네

그날 그 나무는
보지 말아야 할 것을 보고 말았네
듣지 말아야 할 소리를 듣고 말았네

그 자리에는 더 이상 울음소리 들리지 않았네

빈집

시골집으로 아버지를 만나러 간다

빛바랜 벽지에 선명한 등자국
TV를 즐겨 보시던 아버지가 벽 속에 앉아계신다

엄마가 떠난 뒤 십 개월

어둠 속의 적막을
적막보다 더 큰 외로움의 벽을
떨치지 못하고

어느 날 갑자기 명부 앞으로 떠나신
아버지

이것이 환상이라면 좋으련만

엄마는 부재중

아가야 울지 마라
큰언니가 아기를 달래고 있다
희미한 등불
빈자리가 넘치도록 서늘하다

엄마는 부재중

울다 지친 아기
이불을 끌어다 덮어주는 큰 언니
달그림자 내려와 신발 벗는 소리

비로소 잠이 드는 큰 언니

좁은 길은 마당을 감도는 달빛 속에 서 있다

꽃 피는 동안, 꽃 지는 동안
-안 여사에게

쭈그러진 피부에
얼굴 가득 저승꽃을 달고서
당신은 홀로 누워있네

꽃을 좋아하고 노래 부르기를 좋아하던
안 여사
만개한 벚꽃에 둘러싸여
장구를 어깨에 걸고 웃는 얼굴

빛바랜 앨범 속에는
나비 한 마리 날아다니고 있네

아름다운 날은

꽃 피는 동안에도 있고
꽃 지는 동안에도 있네

두 여자

국화꽃 한 다발이 그리도 반가우실까
가을 햇살 너머로 어머니가 환하게 웃고 있다

술 한 잔 붓고
그간 못 나눈 사연 바람결에 전한다

익숙하지 않은 이별은 매번 먹먹하고

눈매가 닮은 두 여자
모녀 같기도 하고
자매 같기도 하고

더 이상 늙지 않는 당신

내 어머니가 웃고 계시다

기일

제사 음식 준비가 거의 끝나갈 무렵
초인종이 울린다
아래층 사는 젊은 남자가 삿대질을 한다
위층 사는 백발노인은 머리를 연신 조아린다

발꿈치를 들고 제사상을 올린다
할아버지가 다녀가신다

벽과 벽 사이
이름도 성도 숨기고 사는 핏줄들
벽과 벽 사이
조상님 은덕을 베고 잠이 든다

소녀가 사는 법
−위안부 할머니께 바치는 시

가파른 돌계단 오를 때
틈 사이에 피어난
작은 풀꽃 하나

발아래
삐죽이 내민 모습

가만 보니
한 발로 서서

한세월을 붙들고 있다

제3부

부레옥잠화

불빛

겨울비 내리던 날
젖은 목소리가 나를 따라왔다

저런 고약한 사람
무반주 첼로 소리

내 가슴속에 떨고 있던
영혼 하나 줄을 끊는다

그대와 나
지금 어디로 가는가

한순간
꿈길인 듯 찾아 헤매던 불빛들

이제야 알겠다, 내 상처 속에서만
밝은 그대의 불빛

내 마음

모든 일은
내가 만든 것

내 말
내 집착이
사랑을 떠나게 하고

꽃을 피우고 지는 일까지도
내 마음속 변덕인 것을

낙엽은 지고
마음 없이 살고 싶은 일상
시름없이 앉아있을 때

이름 모를 풀 한 포기
제 몸을 흔들고 있는 것

어스름 고요 속으로
슬며시 기대보는 내 마음

영주

눈길이 오래 서성이던 곳

먼 길 돌아 찾아간 육지 속 섬마을
사소한 바람까지
긴 그림자가 누워있는 곳

좁은 외나무다리에서
맞닥뜨린 사람들
멀찍이 건너지도 못하고
뒷모습은 보이기 싫고
아득한 하늘 속 구름을 따라갈 때

눈시울이 붉어지는 것은
황혼의 어스름 때문인지
손잡아 주던 눈빛 때문인지

마지막 한걸음
뒤돌아 갈 수 없는 길
오랫동안 머물던
무섬마을 외나무다리

두고 나온 입

모임에 가면
말하는 입과 듣는 귀가 나란히 앉아있다

어느 쪽으로 기댈 것인지 눈짓이 오고 간다
먼저 온 사람들은 고기가 익는 동안
오늘의 날짜를 먼저 굽는다
달그락거리는 젓가락들 끄덕이고 박수치고
지글지글 익는 말들이 혀에 들러붙는다
덜 익은 고기는 뒤집히고
한발 늦은 사람들은
흘린 말을 숟가락으로 떠먹는다
불판에 말들이 쌓이고
시간이 지날수록 귀는 헐거워진다
자욱한 말의 연무 속을 가로질러
나는 입을 두고 돌아섰다

울컥,

시장기가 도는 건 아닌데
찬밥을 물에 말아 입속에 밀어 넣는다
먹어도 채워지지 않는 허기

목에 걸린 젖은 말들

단맛 짠맛에 마음을 데이고
설움에 접힌 근육들이 들썩인다
한번 터진 울음은 멈추지 않고
아주 잠깐, 누군가의 눈빛이 다가오지만
들출수록 아무것도 일어나지 않는 오후

빈자리에 꽃잎들이 눈물 자국을 털고 있다

부레옥잠화

몸 낮추어

부레 하나로

수평을 잡고 있는 몸뚱이

단 한 번

피었다 갈 목숨

무거운 쇳덩이를 달고

전력으로 지구를 붙잡고 있다

독설

겨울 볕을 등에 이고
낮잠을 즐기는 저 새
마른 나무 꼭대기에
한참을 앉아있다

햇빛 오다 말다
변덕을 부리더니
갑자기 날이 흐려 바람이 불고
마지막 잎새 하나
툭 떨어뜨리고 날아가 버렸다

잠시 꿈을 꾸있는지
가슴에 새겨진 화살촉
화석이 돼 버린 뼈 박힌 말

산산이 쪼개지는 실핏줄
자유로운 선들바람

바퀴벌레

싸움이 시작되었다
내 몸 어딘가에 붙어
꼼짝도 하지 않는 바퀴벌레들

나를 노려본다

불 속으로 가야 떨어질는지
독한 약 뿌려놓고

나는 비틀거린다

눈물로 얼룩진 시간들이
내 곁에 누워 있다

슬픔이 모자라거든
바퀴벌레들아

낮달을 한번 쳐다보렴

불면

어둠 속에서
나를 들여다보는 푸른 눈
내 몸속을 휘젓고 있네요
머리칼을 세우고
허공 속으로 눈동자가 날아다녀요

떠나지 못하고
꼬리에 꼬리를 물고 어슬렁거리는 그림자들

하품을 깨물면
끈적끈적한 눈물 찌꺼기를 핥고 있는 초점

무심하게
다른 어둠을 퍼내고 있네요

또 하얀 밤

공연히

카톡에 남겨둔 말 때문에
공연히 불안하다
유머라고 한 말에 반응이 없으면
나는 작아진다

내가 한 말
좋아요 공감해주지 않으면
공연히 기분이 상한다

나는 나에게 붙어 있으면서도
공연히 낮아진다

오늘은 잿빛 하루

그런 말들

회식이 끝나고
모두가 떠나버린 늦은 밤
택시는 오지 않고

나를 할퀴던 취중의 말
목에 걸린 가시처럼
삼킬 수도 뱉을 수도 없는

어디선가 들려오는
노래 가사가 내 비위를 건드린다

택시는 오시 않고
허공에 붙어 있는
그런 말들

달

달아
금이 간 달아

어둠을 비추다가
이지러진 달아

너는 내 갈등의 주인이구나
이지러진 달아

내 상처를 싸매 줄
시간이 있다면

네 고개를 낮게 숙여다오

네 숨결이 내 어깨에 내려오도록

빗방울 전주곡

비 내리는 저녁 무렵
빗방울을 끌고 쇼팽이 찾아왔다

카페에 앉은 사람들
담배 연기와 술잔 부딪히는 소리
나는 그녀와 마주앉았다

나는 말하고 그녀는 잠자코 고개를 끄덕였다
평범한 말들이 낯선 말들로 바뀌었다

내 목소리는 점점 커지고
그녀는 또 고개를 끄덕였다

벌떡 일어난다는 것이
그만 그녀의 발등을 밟고 말았다

순간 아득해지는 소리의 조각들

내 눈가에도
그녀의 눈가에도
빗방울 전주곡이 흐르고 있었다

내 뒤쪽을

나뭇잎이 떨어질 때

그 가벼움

새가 화들짝 놀라 날아갑니다

가을볕도 제 몸을 풀어놓고

제 마음을 내버렸나 봅니다

나는 가만히 내 뒤쪽을 돌아봅니다

혼술

접시 위에 스테이크 한 조각
붉은 포도주로 내 갈증을 채우다가 보면

이 세상 골방 저 건너편이
그제야 내 마음을 알아듣는다

생각은 응답 없는 메아리가 되고
여기저기서 헐렁한 말들이 쏟아진다

다시 적막 앞에서 나에게 건배를 한다

내 마음속 단단한 저막을 위해

외출

낡은 이층집 지붕 위
비둘기들이 한 줄로 앉아
가을볕을 쬐고 있다

합판으로 덧댄 창문 틈 사이로
들락거리는 것은
바람도
비둘기도 아니다

그것은
내 슬픔을 감춘
늦은 오후의 비애 같은 것

등나무 아래

등나무 아래
여자들이 모여 수다를 떤다
접시에 담긴 언어의 만찬

이 말은 저 말을 붙잡고
저 말은 이 말을 붙잡고

팽팽한 말의 꽃무늬들

보라색 옷을 입은 여자가
어느새
꼬임 대로 꼬인 햇빛을 끌어당기다

말은
세상 전부를 드러내고 있다

어스름 석양빛
주렁주렁 매달려 있는 말꼬리 층계들

뒤돌아보면, 거기

모래 바닥에 주저앉아
신발을 털고 있는 저 사내
온종일
모래알을 세고 있네

그의 발목을 잡고 있는 파도와
흘러가는 흰 구름

그 모습이
그의 인격이라는 듯

수평선을 오래도록 바라보고 있네

수평선 속으로
들어간 사내

뒤돌아보면, 거기
또 누가 있는 듯

아침

카잘스*의 무반주 첼로를 들으며
새벽을 안는다

어스름한 침묵을 누가 깨뜨리는가
작은 풀들이 몸을 세운다

소리들의 반란이여

햇빛을 타고 물고기 떼 몰려온다
파도를 타고 물고기 떼 몰려온다

새야 날아가라 날아가라

*카잘스 · 스페인 태생의 첼로 연주자

바다

텅 빈 바닷가에서
어둠을 가르는 소리를 들었는가

별들아
너의 두 어깨를 벌릴수록
뼈마디는 부서지고
밤은 저만치 물러난다

밤사이
바다는 무슨 일이 있었을까

새벽녘
기러기 떼는 먼 하늘로 건너간다

쏘아 올리다

얼어붙은 호숫가
몇 날 며칠 공* 하나 떠 있다
어디에서 이곳까지 흘러왔을까

청둥오리 날아와 콕콕 쪼아 보지만
기척도 없다 입 꾹 다문 얼굴
이리 채이고 저리 채여
더는 작아질 수 없는 몸

눈 부릅뜨고 있다

건들지 마라
한때는 나도 하늘 높은 줄 모르고
튀어 오르던 시절이 있었다

묻지 말아라
지나온 길

다만

지금은 여기서 구르지 않아도 설 수 있다

*공 · 난장이가 쏘아 올린 작은 공. 조세희 소설에서 차용

일출

꽃잎들이
눈꺼풀을 열고 있다

떠다니는 꽃잎들아
갈매기들아

세상이 열리는 순간

시간은
혀를 내밀고
눈부신 꽃물을 빨아먹고 있다

강변

간밤에 누가 다녀갔을까

어깨를 내리치던 비바람에
짓눌린 얼굴로 앉아있는 강변

반짝이던 눈빛은 간데없고
풀어헤친 머리카락 사이로
고개를 떨구고 있는 물줄기

눈물방울을 따라가 보니
움푹 파인 생채기
물새들 날아오르고

저마다 한마디씩
새벽을 쪼아먹는다

시간

미사 중에
마주친 아기의 눈망울

내 눈 속으로
자꾸만 따라오는 당신

돌아보면
또 마주치는

내 그림자와 겹치는
당신의 환한 미소

마룻바닥에 엎드린 눈물 자국을
닦아주던 눈빛

오늘도 나와
내가 아닌 당신 사이에서
솟아오르는 시간

제 4 부

또, 소나기

글자는 요가 중입니다

이 방 저 방 흩어져 있는 책들
읽다가 만 글자가 가로줄에 빼곡히 서 있습니다

어긋난 마디는 없는지
접힌 자국을 펼쳐 봅니다

수만 번 폈다 접은 글 조각들

생각을 접어놓고 물구나무서면
뇌 주름 속에 걸려 있는 부스러진 말들

말 하나가 몸을 틀고
자세를 바로 잡습니다

수행 중인 자음과 모음들

조금씩 뒤척이는 문장들이
지금 일어나고 있습니다

교보문고에서

그랬다
우연한 마주침은

매혹적인 문장 앞에서 만난 떨림처럼

눈빛이 내게로 와서 머문 동안
무슨 말인가 입속에서 우물거리는 찰라,
그대 쪽으로 기울어진 카푸치노
우유는 우유대로 시럽은 시럽대로 테이블
위로 엎질러진 순간들

내게로 와 겹치는 당신의 눈동자

책갈피에 심장 하나 접어놓고

한걸음에 뛰어와 은밀히 펼쳐보는

홍어

홍어 한 점 입에 무는 순간 콧등은 사라지고
형용사 부사가 입 속에 엉켜 있다
혼미해진 언어들

내 말은 어디로 갔을까

김영랑 생가에 가서 간절하게 물어보았다
우물가에 흘린 넋두리라도 찾아보았지만 헛일이었다

상심에 젖어 있을 때
당신의 목소리가 들리는 듯했다

매일매일 말씀 한 숟갈
입에 넣고 오물거리는 것이라고

묵은지와 돼지 수육 그리고 눈물 한 점

비로소 한 행이 되었다

뱃살

내 몸에 붙어 있는 뱃살

술잔은 입이 되고
말은 목젖을 타고 흘러내린다
천천히 부서지는 말의 기호들
살과 살 사이에서 부풀어 오른다

저물면 습관처럼
언어의 만찬 속에 넋두리가 쌓이고
자고 깨면 낙서뿐인 후회
말의 뼈가 녹아내린다
언어의 근육이 점점 물러진다

겹겹이 접힌 마블링 속에 숨어있는 은유

12월

포장마차 속에서
사람들이 모여앉아 술을 마시네

빠르고도 빠른 인연을
다 떠나보내고
캄캄한 거리로 달려 나가는 인생

내가 가진 것은 무엇이고
내가 남긴 것은 무엇인가

술잔 속에 떠 있는 별빛 하나

무거움

거울 속
내 몸이 한쪽으로 기울어져 있다
무거운 생각 때문인 것을

허영 집착 탐욕 따위
탁탁 털어 비워낸 그 자리
너무 가벼워

교만을 쓸어내는 정신아
다시 채워지는 내 무게를
견딜 수 없네

다시 낮은 쪽으로 기울어진 내 몸뚱이
허공은 내 뒷전에 있네

믿음

사랑보다

말보다

눈물보다

더 먼저 뛰어오게 한다

초롱꽃 하나 마중 나간다

비극 대부분은

알면서 모르는 척하는 것이라고

발가벗은 내 영혼아

시퍼런 날 세우고 오려무나

내 발가락

나보다 먼저 움직였을 것이다

갈까 말까 망설이고 있을 때
가지 못해 뒤돌아가면서
발걸음만 타박했을 것이다

볼까 말까 서성이고 있을 때
보고 싶은 마음 뛰어가면서
너를 잊었을 것이다

상처가 된 눈망울이
나를 쳐다보고 있다

내 몸 끝에서 너는 내게 아무 말이 없구나
왈칵 눈물이 난다
이 生

낙조

원산도 바다 작은 섬
모래가 먼지 되어 가벼워지는 곳

깃털보다 가벼워져
허공을 올려다볼 때

물결이 흔들리네
내 마음도 흔들리네

긴 그림자 하나
황량한 모래톱으로 걸어가네

지평선 끝에 매달린 낙조
지금 막 떨어지네

악습

어지럼증이 또 오셨다
귀에서는 매미가 울고
울렁증은 시도 때도 없이 찾아왔다

머리맡에 써 붙인 경고장에는
커피 줄일 것, 싱겁게 먹을 것, 금주
커피는 허브차로 바뀌고
짠맛에 길들인 혀는 조금씩 밍밍한 맛에 길들여졌다
내 몸은 단물 빠진 껌인 듯이 심드렁해졌다

질문은 구차스럽도록 허물어지고
집착은 내 몸을 흔들어댔다
끊을 수 없는 알콜의 유혹

악습에는 처방전이 없다

또, 소나기

그녀가 운다

등나무 아래에서
포효하는 소리는 창문을 흔들고
그녀의 얼굴은 흙탕물이 된다
웅덩이에 쏟아지는 검은 물줄기
흘러넘친다

바람에 가지가 엉킨다
나무를 붙잡고

그녀가 운다

왜 신음하는지
왜 아파하는지

참을 수 없는 섬유근육종

날개의 비밀

창밖을 기웃거리는 잠자리 한 마리가
나타났다가는 사라지고 다시 나타나는
아침 방문객

가벼운 저 날갯짓은
내 생의 몸짓을 닮아 가고 있다
부질없다는 뜻인 듯
유의미하다는 뜻인 듯

너울거리는 저 무늬가 내 안부를
묻고 있다

거듭거듭 허공을 떠돌다가
추락하는 날개의 비밀

빈자리

처음부터 눈 맞추지 말아야 했다
까만 눈동자에 커다란 눈
앙증맞은 모습에 눈을 뗄 수가 없었다

공허를 달래려 했던 대가는 참혹했다

떠난 빈자리
마음의 진물은 종일 마르지 않고

안 보는 것은 못 보는 것

더 좋은 인연 찾아가기는 바람과
다시 돌아오길 기대하는 두 마음

치와와* 나의 햇살 한 줌

*집에서 키우던 강아지 종류

한동안

내가 싫어져
말을 피하고
한동안 갇혀 지내다 보니
내 옆에 아무도 없네

생각하기 싫어서
눈을 감고 귀를 막아보지만
더 많은 기억이 나를 누르네

때로는 누군가 그리워져
가을 들판으로 나가 보니
먼지만 나를 따라다니네

망설이는 발등 아래로
가만히 밟아보는 햇살

하늘 물때를 끌어안을 때까지
아득한 곳 바라보네

게국지

부글부글 끓는 속 누가 알아주나

그물에 걸려 어디로 팔려갈지
모른 채 끌려 왔지

게장이나 꽃게찜은 앞발 하나까지
대접이라도 받지
배추에 섞여 뭉텅 잘려나간 내 몸뚱이
그것도 성에 안 차 고춧가루에 소금까지 치댄

내 눈물로 만들어진 게국지*

*게국지·꽃게가 들어간 김치찌개

늦가을

이사 오면서 선물로 받은 치자나무
봄 내내 이파리 무성하더니
여름이 다 지나도록 꽃대는
올라오지 않고 피다 만 꽃망울이
줄기에 매달려 있네

마음을 아는지 모르는지
내 생을 조롱하듯 꼼짝도 않네

더는 기다리지 않으리라
절망하면서 때론 기대하면서
무심하게 살아가는 동안

베란다 한 귀퉁이에 고개를 떨구고 있는 이파리
주름진 얼굴 뼛속까지 태우고
가을볕이 서 있네

단풍일까
무지개일까

| 跋文 |

무심(無心)한 언어로 그리는 사랑의 길
— 이금호 시

오 홍 진 (문학평론가)

 이금호는 당신을 향한 한결같은 마음을 시 언어로 표현하고 있다. 지금 이곳에 없는 당신을 시인은 쉬지 않고 흐르는 강물처럼 그리워한다. 「강물」에서 시인은 "흔들리고 있다고/ 떠나간다고/ 뒤돌아보고 있다고"말하지 말라고 단호하게 이야기한다. "물속 깊은 곳에/ 낮은 눈빛으로/ 떠오를 때까지" 시인은 더 오래 흘러가거나 머물 수 있다고 자신한다. 당신에 대한 믿음이 한순간 흔들릴 수 있을지도 모른다. 그런 상황일수록 시인은 물속 깊은 자리에 새겨진 눈빛에 마음을 집중한다. 그 눈빛만 살아 있다면 강물은 쉬지 않고 흐를 것이고, 그에 맞추어 시인 또한 주저 없이 가야 할 길을 갈 것이다. 당신이 어디에 있든 시인은 이 마음을 포기하지 않으려고 한다. 이금호 시는 무엇보다 당신이 있는 곳을 향해 끊임없이 흐르는 이 강물 같은 마음에 뿌리를 내리고 있다.
 당신에게로 가려는 절실한 마음은 분명 집착과는 다른 차원으로 열려 있다. 「당신」을 보면, "인간의 집착은 두 차원을 함께 묶어놓는 것"이라는 시구가 나온다. 당신은 바람처럼 시인 곁에 머물다가 이내 사라진다. "한순간 베어 버리고/ 오랫동안 가두어 놓은 것"에 표현된 대로, 먼지보다 가벼운 몸으로 당신은 생의 언덕을 넘고, 시인은 그런 당신을 두말없이 쫓는다. 바람처럼 왔다가 바람처럼 사라지는 당신의 길을 무어라 이야기하면 좋을까? 그리고 그런 당신을 묵묵히 쫓는 시인의 마음을 우리는 어떻게 받아들여야 할까? 바람 같은 당신의 마음을 알면서도 시인은 당신을 그리워하는 마음을 도무지 내려놓지 못한다. 집착과 사랑 사이에 놓인 그리움을 마음 깊이 새긴 채 시인은 당신이 가는 길을 오늘도 말없이 따른다.

>떨면서 떨리면서
>흔들거리는 어둠의 조각
>
>점점 사나워지는 소용돌이
>
>밀려가고 밀려오는 영혼의 분할
>
>　　　　　　　　　　　　-「물결」

>구름은 오다 말다 수평선에 서 있고
>바다는
>
>온종일 제 몸 뒤척이고 있네

내 곧은 눈으로 보면
잠시 망설이면서도 신중하게 받들던
저 사랑의 중력

      - 「만조」

그리운 얼굴
언제쯤 볼 수 있을까요
울다 지친 매미
산 그림자 앞에서
하늘 바라기하고 있습니다

순간의 이쪽과 저쪽 사이

어디서 사르르 날아 온 풀잎 하나
안부를 전해 주고 있습니다

      - 「늦내비」

「물결」에서 시인은 일렁이는 물결을 "떨면서 떨리면서/ 흔들리는 어둠의 조각"으로 표현하고 있다. 물결은 사나운 소용돌이가 되어 밀려왔다가는 이내 밀려간다. 끊임없이 밀려왔다 밀려가는 물결의 모습에서 시인은 "영혼의 분할"을 목격한다. 밀려가는 영혼이 있고, 밀려오는 영혼이 있다. 밀려가는 영혼은 어디로 밀려가는 것이며, 밀려오는 영혼은 어디서 밀려오는 것일까? 당신을 향해 밀려가는 영혼은 곧바로 당신을 향해 밀려오는 영혼이 된다. 당신이 소용돌이치듯 밀려오면 영혼도 밀려오고, 당신이 사나운 기세로 밀려 나가면 영혼 또한 그렇게 밀려 나간다. 일렁이는 물결은 자연 현상이라고 할 수 있다. 자연 현상은 때를 맞추어 움직인다. 인간의 힘으로는 도저히 빠져나올 수 없다는 말이다.

「만조」에 나타나는 대로, 시인은 당신을 향한 마음을 "저 사랑의 중력"과 연결한다. 사랑의 중력에 휩싸이면 시인은 결코 당신 곁을 벗어날 수 없다. 오다 말다 수평선에 서 있는 구름처럼, 혹은 온종일 제 몸을 뒤척이는 바다처럼 사랑에 빠진 사람은 늘 사랑의 중력을 신중하게 받들어야 한다. 사랑의 중력에서 벗어나는 순간 그(녀)는 우주의 미아가 되어 그 무엇도 이룰 수 없는 존재가 되어버린다. 당연히 당신으로 가는 길 역시 사라져버린다. 시인은 왜 사랑을 자연 현상에 빗대어 시화하는 것일까? 생명이라면 자연 이치를 어긋나 살 수가 없다. 때가 되면 꽃을 피우고 때가 되면 꽃을 떨어뜨리는 나무들을 보라. 자연은 사랑의 중력으로 모든 생명을 품 안에 그러안는다. 당신에 대한 시인의 사랑도 이와 다르지 않다. 당신을 향한 굳건한 마음이 있기에 저 사랑의 중력이 시인 곁을 맴돌 수 있는 것이다.

자연 이치를 따르는 사랑의 중력은 긴 울음으로 한여름을 견디는 매미의 삶을 표현한 「늦매미」에도 그대로 드러난다. 울다가 지친 매미가 산 그림자 앞에서 하늘바라기를 하는 광경을 보며 시인은 "순간의 이쪽과 저쪽 사이"를 떠올린다. 순간의 이쪽과 저쪽 사이에는 무엇이 있을까? 시인은 어디선가 사르르 날아온 풀잎 하나가 매미에게 안부를 전하는 장면을 묘사한다. 언뜻 이쪽과 저쪽으로 갈라진 듯한 매미와 풀잎은 자연의 품 안에서 한순간에 만난다. 자연 속 인연이란 별다른 게 아니다. 사랑의 중력이 모든 생명을 향해 있듯이 한 생명은 늘 모든 생명과 이어져 있다. 한 생명으로 이어진 사랑이야 쉬이 깨질 수 있지만, 모든 생명과 이어진 사랑이 어떻게 깨질 수 있을까? 당신과 시인 사이에 펼쳐진 사랑 또한 이와 다르지 않다. 당신을 향한 시인의 그리움을 집착으로 볼 수 없는 까닭은 여기에 있다고 하겠다.

아파트 화단에서 만난 나무토막
허리 끝에 눈물방울이 매달려 있다
이러지도 저러지도 못하는 공간

말라버린 가지는 잘라내고
토막 난 줄기를 심었다
햇볕 끌어다 덮어주고
눈 맞추고
물주는 일도 잊지 않고

어느새
두 갈래 길이 보이는구나

집착과 무관심이 병을 만들었으니

통상적인 사랑으로 길을 만들자꾸나
- 「행운목」 전문

　위 시에서 시인은 아파트 화단에 버려진 나무토막 하나에 주목하고 있다. 누군가 버린 나무토막의 마른 가지를 잘라내고 시인은 토막 난 줄기를 햇볕이 잘 드는 땅에 심었다. 날마다 눈을 맞추고 물주는 일도 잊지 않았다. 정성스레 돌봐준 덕일까? 토막 난 줄기에서 새 생명이 자라나기 시작한다. 시인은 "어느새/ 두 갈래 길이 보이는구나"라는 시구로 이 상황을 표현한다. 사랑을 베풀면 생명은 저절로 자라난다. 시인의 말마따나, 집착과 무관심이 생명을 병들게 한다. 사람들은 늘 사랑이란 이름으로 무언가에 집착한다. 집착은 자기중심으로 생명을 보는 것이다. 집착에 빠진 사람은 자기 뜻에 따르는 생명만을 귀히 여긴다. 제 뜻에 어긋나면 이들은 가차 없이 생명을 죽인다. 무관심보다 더한 것이 바로 사물을 향한 집착이라고 말하면 어떨까?

　사랑은 이런 집착과는 다른 맥락을 지니고 있다. 집착이 자기 뜻을 고집하는 데서 비롯된다면, 사랑은 타자를 환대하는 마음에서 피어난다. 사랑하는 사람은 타자에게 지극한 관심을 기울일 뿐, 결코 집착하는 법이 없다. 지극한 관심은 타자를 환대하는 마음과 이어져 있다. 환대는 아무런 대가를 바라지 않고 기꺼이 베푸는 마음을 의미한다. 무슨 대가를 바라고 화단에 버려진 나무토막을 살리는 사람은 없다. 시인은 "통상적인 사랑으로 길을" 만드는 사랑을 무엇보다 강조하고 있다. 시의 문맥을 따르면, 통상적인 사랑은 환대의 맥락을 그대로 내포하고 있다. 집착과 무관심의 너머에 사랑과 환대가 있다. 그 마음으로 시인은 사물을 대하고, 어딘가를 떠도는 당신을 한없이 그리워한다. 당신을 그리워하는 마음으로 사물과 마주하는 사람이 어떻게 자기 뜻에 맞추어 사물을 판단할까?

「콩나물국」이란 시에는 "익숙한 듯/ 무심한 듯/ 아득한 사이"가 콩나물국에 빗대어 시화되고 있다. 한없이 익숙한 사이일지라도, 어느 때는 무심하게 대해야 할 때가 있고, 또 어느 때는 아득하게 대해야 할 때도 있다. 집착에 빠진 사람은 익숙함과 무심함과 아득함에 서린 맥락을 헤아리지 못한다. "있어도 없어도 묻지 않는/ 있어도 없어도 다 아는 사이"나 "살갑진 않아도/ 서로가 서로를 보듬어 주는 사이"는 하루아침에 이루어지지 않는다. 검은 머리가 파 뿌리가 되도록 더불어 살아야 비로소 그런 관계를 맺을 수 있다. 이런 이들이 어떻게 사랑하는 사람이 가는 길을 가로막을까? 그들은 머리 따로 가슴 따로 놀지 않고 "그냥저냥 풀어서/ 슴슴하게 먹는 콩나물국처럼" 담백한 관계를 형성한다. 이금호는 익숙한 듯 무심하고 무심한 듯 아득한 사물들의 관계를 통해 서로를 보듬어 안는 시 세계로 다가가려고 한다. 무언가에 매여 자기 뜻을 내세우는 순간 이리로 가는 길은 이내 막혀버린다.

평생 처음인 듯한 눈매로
거울을 보고 있다

그것은 허무일까
고단한 하루일까
그것도 아니라면
뼈마디 숭숭 뚫고 지나가는 바람일까
　　　　　-「거울을 보는 노인」

봄은 기다리지 않아도 찾아온다

살아있다는 건
지금 마주 보고 웃는 일
-「복사꽃 지는 날」

가만 보니
한 발로 서서

한세월을 붙들고 있다
　　　　　-「소녀가 사는 법―위안부 할머니께 바치는 시」

「거울을 보는 노인」에서 시인은 길가 모퉁이에 쪼그려 앉아 평생 처음인 듯 거울을 보는 노인을 간절한 마음으로 바라본다. 노인의 주름진 얼굴 말고 이 거울에는 무엇이 비쳤을까? 시인은 묻는다. "그것은 허무일까/ 고단한 하루일까/ 그것도 아니라면/ 뼈마다 숭숭 뚫고 지나가는 바람일까"라고. 허무와 고단함과 바람은 노인의 인생에서 보면 하나로 묶여 있다. 피곤한 몸을 뒤로 한 채 거울을 보는 노인에게서 시인은 자신이 살아온 인생의 한 단면을 들여다본다. 고단한 하루하루를 보내며 인생살이의 허무함을 얼마나 많이 느꼈던가. 뼈마다 숭숭 뚫린 구멍을 뚫고 지나가는 바람이야 말할 것도 없다. 몸이 약해지면 마음이 약해지고, 마음이 약해지면 몸은 더욱더 약해진다. 죽음을 앞둔 사람이 자신이 살아온 인생을 파노라마처럼 들여다보듯, 지금 노인은 거울에서 자신이 살아온 인생 역정을 찬찬히 들여다보고 있다.

거울을 보는 노인의 모습은 「복사꽃 지는 날」에 이르면, 무수한 꽃잎들을 떨어뜨리고 추레한 얼굴로 서 있는 복숭아나무로 이어진다. 봄날을 환히 밝히고 잎을 떨군 복숭아나무는 이제 다음 봄날을 기다린다. 흐르지 않는 시간은 없는 법이니, 시인의 말처럼 "봄은 기다리지 않아도 찾아온다". 때가 되면 봄이 오는 자연 이치를 거울을 보는 노인에게도 대입할 수 있을까? 시인은 "살아있다는 건/ 지금 마주 보고 웃는 일"이라는 시구로 이 질문에 답하고 있다. 노인이라고 자연 이치를 벗어난 삶을 살아온 것은 아니다. 살아오는 동안 노인은 숱한 봄을 맞았을 테고, 그 속에서 저 나름의 인생을 꾸려왔을 것이다. 생명으로 태어난 존재라면 누구나 죽음과 맞닥뜨린다. 노인이라고 다르지 않고 자연 사물이라고 다르지 않다. 죽음에 매인 자가 어떻게 지금 이곳의 삶을 즐길 수 있을까? 시인이 서로 마주 보고 웃는 일을 살아있음으로 표현하는 이유는 여기서 분명해진다고 하겠다.

'위안부 할머니께 바치는 시'라는 부제가 붙은 「소녀가 사는 법」에도 살아있는 생명을 향한 지극한 마음이 분명하게 드러나 있다. 가파른 돌계단 틈 사이에서 어렵사리 피어난 작은 풀꽃 하나를 보며 시인은 한 발로 서서 한세월을 붙들고 있는 '소녀'를 떠올린다. 돌계단 틈 사이에 핀 풀꽃을 그 누가 주목할까? 가만히 그 꽃을 들여다보아야 비로소 온갖 시련을 이기고 한세월을 붙들고 있는 풀꽃 한 송이가 보인다. 이금호는 거울을 보는 노인이나 복사꽃을 보는 마음으로 소녀, 곧 위안부 할머니들의 비극을 끌어안는다. 일제의 폭력에 희생된 할머니들은 오늘도 한 발로 힘들게 서서 한세월을 간신히 붙들고 있다. 그들의 마음 깊이 새겨진 한(恨)을 풀어주려면 지금 이곳에 사는 우리가 나서야 한다. 그들과 마주 보며 웃는 일을 실천해야 한다. 그것이 상처 입은 존재들의 아픔을 유일하게 풀어줄 수 있는 길이다.

쭈그러진 피부에
얼굴 가득 저승꽃을 달고서
당신은 홀로 누워있네

꽃을 좋아하고 노래 부르기를 좋아하던
안 여사
만개한 벚꽃에 둘러싸여

장구를 어깨에 걸고 웃는 얼굴
빛바랜 앨범 속에는
나비 한 마리 날아다니고 있네

아름다운 날은

꽃 피는 동안에도 있고
꽃 지는 동안에도 있네
  - 「꽃 피는 동안, 꽃 지는 동안- 안 여사에게」

  얼굴 가득 저승꽃이 핀 당신이 홀로 자리에 누워있다. 죽음을 목전에 둔 안 여사는 꽃을 좋아하고 노래 부르기를 좋아했다. 시인은 "만개한 벚꽃에 둘러싸여/ 장구를 어깨에 걸고 웃는 얼굴"을 지금도 또렷이 기억한다. 그토록 아름다웠던 사람의 얼굴에 지금은 저승꽃이 활짝 펴있다. 삶이 있으면 반드시 죽음이 있는 법이다. 시간을 사는 존재는 죽음을 피해갈 수가 없다. 벚꽃 같은 얼굴로 장구를 치던 사람이라고 무에 다를까. 시인은 빛바랜 앨범 속에서 나비 한 마리로 날아다니는 안 여사의 모습을 발견한다. 화려했던 한 시절을 보내고 죽음을 기다리는 사람을 보며 시인은 자꾸만 지나간 시절을 떠올린다. 머릿속에는 그 시절의 화려함이 그대로 남아있다. 시간이 흘러도 잊히지 않는 기억은 이미지가 되어 우리 곁을 맴돈다. 어딘가로 훌훌 날아가는 나비 한 마리가 불러내는 이 마음을 어떻게 진정시킬 수 있을까.

시인은 "아름다운 날"을 말하고 있다. 꽃 피는 동안에도 아름다운 날이 있었고, 꽃 지는 동안에도 아름다운 날이 있었다. 만개한 벚꽃에 둘러싸여 장구를 치던 시절만 아름다운 게 아니라, 저승꽃 핀 얼굴로 죽을 날을 기다리는 지금도 아름답다. 시간 속에서 삶과 죽음은 끊임없이 반복된다. 삶과 죽음을 따로 놓고 생각할 수 없다는 얘기다. 꽃 피는 동안에 일어난 '아름다운 날'을 마음에 품고, 안 여사는 꽃 지는 동안의 일상을 묵묵히 보내고 있다. 꽃 지는 날의 일상이 아름답지 않으면, 꽃 피는 날의 일상 또한 아름다울 수 없다. 꽃이 져야 또다시 꽃이 피고, 꽃이 펴야 또다시 꽃이 진다. 꽃이 피고 지는 일이 자연이듯, 삶과 죽음 또한 자연이라고 할 수 있다. 한 시절의 자연을 보낸 사람이 또 다른 시절의 자연을 어떻게 무시할 수 있을까? 꽃 피는 동안 아름다웠으니, 꽃 지는 동안 역시 당연히 아름다울 것이다.

「내 마음」에서 시인은 "모든 일은/ 내가 만든 것"이라고 선언한다. 모든 일이 내가 만든 것이라면, 내가 어떤 마음을 먹느냐에 따라 모든 일이 달라진다. 마음속에 사랑이 스미면 뭇 생명을 사랑하게 되고, 마음속에 미움이 스미면 뭇 생명을 미워하게 된다. 무언가에 대한 집착이 마음 깊이 새겨지면 어떤 일이 벌어질까? 지독한 욕망에 빠져 다른 이의 마음을 헤아리지 못할 것이다. "내 말/ 내 집착이/ 사랑을 떠나게 하고"라는 시구를 가만히 곱씹어 보라. 이와 더불어 시인은 "꽃을 피우고 지는 일까지도/ 내 마음속 변덕"이라고 분명히 이야기한다. 사람들은 꽃이 피는 일과 꽃이 지는 일을 자꾸만 분

별하지만, 사실 꽃이 피는 일과 꽃이 지는 일은 자연 이치를 온전히 따르는 현상일 뿐이다. 꽃이 피는 일이 따로 있고, 꽃이 지는 일이 따로 있는 게 아니다. 때가 되면 꽃이 피고, 때가 되면 꽃이 진다.

몸 낮추어

부레 하나로

수평을 잡고 있는 몸뚱이

단 한 번

피었다 갈 목숨

무거운 쇳덩이를 달고

전력으로 지구를 붙잡고 있다
            - 「부레옥잠화」 전문

나뭇잎이 떨어질 때

그 가벼움

새가 화들짝 놀라 날아갑니다
가을볕도 제 몸을 풀어놓고

제 마음을 내버렸나 봅니다

나는 가만히 내 뒤쪽을 돌아봅니다
- 「내 뒤쪽을」 전문

「부레옥잠화」를 보면, 때가 되면 꽃이 피는 현상이 "무거운 쇳덩이를 달고"온 힘으로 지구를 붙잡고 있는 부레옥잠화의 모습으로 나타난다. 부레는 물고기를 뜨게 하는 공기주머니를 말한다. 부레옥잠화는 중앙부가 부풀어 부레처럼 되면 수면에 뜨는데, 시인은 몸을 낮추어 부레 하나로 수평을 잡는 몸뚱이로 이 꽃을 묘사한다. 한없이 가벼워져야 물에 뜰 수 있다. 가벼운 마음이란 겸손한 마음과 통한다. 단 한 번 피었다가 갈 목숨이기에 부레옥잠화는 절실한 마음으로 지구를 붙잡는다. 지구는 모든 생명을 낳는 터전과 같다. 지구에서 멀어지면 당연히 한 생명으로서 삶을 영위할 수가 없다. 부레옥잠화만 이런 게 아니다. 지구상에 사는 모든 생명이 이런 이치를 따라 자연 속에서 살아간다. 생의 절실함을 품지 않은 생명이 냉혹한(?) 이치가 지배하는 자연 세계에서 살아남기는 힘들다.

자연은 정(情)에 사로잡혀 사물의 삶을 판단하지 않는다. 잎이 떨어져야 열매가 맺히는 이치를 어떤 상황에서도 실천하려고 한다. 「내 뒤쪽에」에서 시인은 가볍게 떨어지는 나뭇잎에도 새들은 화들짝 놀라 날아간다고 이야기한다. 바람에 흩날리는 나뭇잎의 삶이나 그 소리에 놀라 날아가는 새들의 삶이나 자연 이치에서 보면 같은 맥락을 지니고 있다. 봄볕을 받은 나무는 새잎을 돋게 하지만, 가을볕을 받은 나무는 잎을 떨어뜨려 다음 봄을 기약한다. "가을볕도 제 몸을 풀어놓고// 제 마음을 내버렸나 봅니다"라는 시구에 표현되듯, 자연을 사는 모든 생명은 때가 되면 실현되는 자연 이치를 무심(無心)으로 받아들인다. 무심이란 자기 뜻을 내세우지 않는 상태를 가리킨다. 시인은 가만히 자기 뒤쪽을 돌아보는 행위로 이런 무심을 온전히 받아들인다. 욕심을 내려놓는 순간 모든 생명은 모든 생명과 하나로 이어진다.

이금호는 무엇보다 이런 무심을 시 정신으로 삼아 시작(詩作)을 펼치고 있다. 「무거움」이라는 시를 따르면, 무심은 "무거운 생각"과는 다른 맥락을 지닌다. 허영과 집착, 탐욕 따위를 탁탁 털어 비워낸 자리에서 피어나는 게 바로 무심이다. 돌려 말하면, 무거운 마음은 허영과 집착, 탐욕에 물든 자리에 서식한다. 무거운 생각에 기울어진 사람은 그 몸 또한 한쪽으로 기울어져 있다. 무거운 생각을 지우려면 무언가에 집착하는 마음을 내려놓을 수 있어야 한다. 시인은 "교만을 쏟아내는 정신아"라고 외친다. 그만큼 무심을 향한 마음이 간절하다는 말이다. 하지만 무거운 마음이 쏠려나간 자리를 시인은 도무지 견딜 수가 없다. 교만을 쏟아내는 정신의 작용을 몸이 채 따라잡지 못하기 때문이다. 그럼, 무심으로 가는 시의 길을 그만 접어야 하는 걸까? 시 언어에 대한 이금호의 치열한 시적 탐색은 여기서 비롯된다고 하겠다.

이 방 저 방 흩어져 있는 책들
읽다가 만 글자가 가로줄에 빼곡히 서 있습니다

어긋난 마디는 없는지
접힌 자국을 펼쳐 봅니다

수만 번 폈다 접은 글 조각들

생각을 접어놓고 물구나무서면
뇌 주름 속에 걸려 있는 부스러진 말들

말 하나가 몸을 틀고
자세를 바로 잡습니다

수행 중인 자음과 모음들

조금씩 뒤척이는 문장들이
지금 일어나고 있습니다
　　　　　　　　　-「글자는 요가 중입니다」 전문

이 방 저 방 흩어져 있는 책들에는 읽다 만 글자가 빼곡하게 서 있다. 접힌 자국을 펼치면 "수만 번 폈다 접은 글 조각들"이 보인다. 글자는 생각을 표현하는 도구이다. 글자가 없다면 우리는 쉬이 생각을 표현할 수 없다. 글자가 모여 이루어진 책은 이리 보면 생각의 덩어리라고 할 수 있다. 수많은 생각이 모여 책 한 권이 만들어진다고 말해도 좋겠다. 하지만 "뇌 주름 속에 걸려 있는 부스러진 말들"을 이해하려면 그에 걸맞은 방법을 마음 깊이 새기고 있어야 한다. 시인은 "생각을 접어놓고 물구나무서면"이라고 쓰고 있다. 사회 통념으로 책의 내용을 해석할 수 있지만, 그것은 말 그대로 사회 통념을 강화하는 일에 불과하다. 사회 통념에 매인 시인이 어떻게 사물 너머로 나아가는 길을 엿볼 수 있을까? 시인은 '생각'을 내려놓고 물구나무서는 방법을 택한다. 물구나무를 서서 이 세계를 다르게 보려고 한다.

 물구나무선 시인의 눈에 "수행 중인 자음과 모음들"이 보인다. 말 하나가 몸을 틀고 자세를 바로잡자 부스러진 말들이 조금씩 뒤척이며 일어난다. 수행하는 말들로 시를 쓰려면 시인은 인간이 언어에 새긴 의미로부터 자유로워져야 한다. 인간에게 언어는 사물을 지배하는 도구라고 할 수 있다. 언어에 매이는 순간 사물은 인간이 쳐놓은 울타리에 갇혀버린다. 사물 너머를 엿보는 시인이 언어를 통해 언어 너머로 나아가는 까닭은 여기에 있다. 시인의 말대로라면, 물구나무를 서야 수행하는 언어들이 비로소 보이기 시작한다. 똑바로 선 글자들의 움직임을 따라 물구나무선 시인의 시선이 펼쳐진다. 시선을 달리하면 보이는 세상 또한 달라진다. 시선이 달라지고 세상도 달라졌는데, 그것을 표현하는 언어가 달라지지 않을 리 없다. 끊임없이 뒤척이며 자기를 드러내는 글자들의 힘으로 시인은 당신을 향한 지극한 사랑의 길로 들어선다.

수행하는 글자들에 새겨진 이 힘을 시인은 「교보문고에서」라는 시에서 "매혹적인 문장 앞에서 만난 떨림"으로 묘사한다. 매혹적인 문장은 사회 통념으로는 헤아릴 수 없는 어떤 자리에서 피어난다. 찰나에 나타나는 사물의 한순간과 마주했을 때 시인은 마음 깊은 자리에서 밀려 나오는 떨림을 느낀다. 몸살이 난 듯 온몸이 떨린다. 주체하려고 해도 주체할 수 없는 이 떨림을 어떻게 통념에 물든 언어로 표현할 수 있을까? 일상 언어로 표현할 수 없는 자리에 사랑하는 당신이 있고, 수양하는 글자들이 있다. 사랑하는 당신에게로 가는 길을 열어젖히려면 끊임없이 수양하는 글자들처럼 시인 역시 무심으로 사물과 마주하는 연습을 해야 한다. 언뜻 평범하고 무난해 보이는 이금호의 시에는 매혹적인 언어를 향한 시적 꿈이 아로새겨져 있다.

매혹적인 문장은 삭힌 홍어를 먹을 때 느끼는 감각으로도 표현된다. 「홍어」에서 시인은 홍어 한 점을 무는 순간에 펼쳐지는 "혼미해진 언어들"을 이야기한다. "내 말은 어디로 갔을까"라는 시구에 드러나듯, 홍어를 먹는 순간 시인은 말로 헤아릴 수 없는 상황에 빠진다. 헤아릴 수 없는 맛을 어떻게 언어로 표현할까? 상심에 젖어 한탄할 때 문득 "당신의 목소리가" 들려온다. 당신은 "매일매일 말씀 한 숟갈/ 입에 넣고 오물거리는 것"이 헤아릴 수 없는 맛을 언어로 표현하는 길이라고 단언한다. "묵은지와 돼지 수육 그리고 눈물 한 점"을 품은 문장으로 시인은 "비로소 한 행"을 완성한다. 시 언어란 게 이렇다. 하루하루 말씀 한 숟갈을 정성스레 먹는 사람만이 맛깔난 언어로 홍어의 맛을 표현할 수 있다. 홍어라는 사물만 그런 게 아니다. 온갖 사물에 서린 맛을 언어로 표현하려면 매일매일 그 맛을 봐 온몸에 새겨야 한다.

당신을 향한 절실한 마음이라고 이와 다를 리 없다. 시인은 하루하루 당신을 그리워하며 그 마음에 매혹적인 언어를 입히려고 한다. 그것이 뜻대로 되지 않을 때마다 시인은 왈칵 눈물을 쏟지만, 그 속에서 "이 生"(「내 발가락」)에 서린 아픔을 온몸으로 받아들인다. 아픔이 없는 생명은 없다. 아프기에 생명은 살아있음을 느낄 수 있다. 끝없는 집착이 몸을 흔들어대고 어지럼증에 휘말리는 상황에서도 시인은 "악습에는 처방전이 없다"라는 말을 변함없이 되새기며 '이 生'을 살고 있다. 악습은 집착과 같은 것이다. 무심(無心)으로 들여다보면 악습이나 집착이 머물 자리는 어디에도 없다. 매일매일 당신이 전해 주는 말씀 한 숟갈을 오물거리며 시인은 오늘도 악습과 집착이 낳은 아픔과 대면하고 있다.

이사 오면서 선물로 받은 치자나무
봄 내내 이파리 무성하더니
여름이 다 지나도록 꽃대는
올라오지 않고 피다 만 꽃망울이
줄기에 매달려 있네

마음을 아는지 모르는지
내 생을 조롱하듯 꼼짝도 않네

더는 기다리지 않으리라
절망하면서 때론 기대하면서
무심하게 살아가는 동안

베란다 한 귀퉁이에 고개를 떨구고 있는 이파리
주름진 얼굴 뼛속까지 태우고
가을볕이 서 있네

단풍일까
무지개일까

- 「늦가을」 전문

  봄 내내 무성한 이파리를 자랑하던 치자나무가 정작 꽃을 피우지 못한다. 여름이 다 지나도록 꽃대는 올라오지 않고, 피다 만 꽃망울만 줄기에 매달려 있다. 빨리 꽃을 보고 싶은 시인은 마음이 급하다. 이런 마음을 아는지 모르는지 치자나무는 "내 생을 조롱하듯 꼼짝도"않는다. 더는 기다리지 않겠다고 마음을 먹어도, 마음 깊은 자리에서 밀려오는 절망감을 도무지 감출 수가 없다. 무언가를 기대하면 늘 이런 일이 벌어진다. 그리워하는 당신 또한 저 먼 곳에서 반짝이는 별빛처럼 아른대기만 하지 않는가. 무언가에 집착할수록 마음은 더욱더

아프기만 하다. 시인은 "무심하게 살아가는 동안"이라고 말하고 있다. 아픈 마음을 씻어내려면 무심하게 사는 도리밖에는 없다. 그리운 당신과 만나고, 치자나무에 꽃을 피우는 일은 시인의 의지와는 상관없는 자리에서 일어나는 일이다. 그저 무심하게 살아가다 보면 어느 순간 당신과 만나는 순간이 오고, 치자나무에 꽃이 피는 순간이 온다.

이금호의 시심(詩心)은 무심하게 살아가는 일상의 삶과 밀접하게 연동되어 있다. 일상은 지독한 욕망을 따라 움직인다. 무언가를 가지려는 마음이 욕망을 낳고, 그 욕망은 또 다른 욕망으로 이어진다. 시작(詩作)이란 어떻게 보면 이런 욕망과 거리를 두는 데서 비롯되는지도 모른다. 욕망과 거리를 둔다는 건 텅 빈 마음으로 사물과 마주하는 상황을 가리킨다. 치자나무는 자연 이치를 따라 꽃을 피우고 열매를 맺는다고 했다. 자연을 받아들여야 치자나무를 무심하게 들여다볼 수 있다는 의미로 이 말을 되새겨도 좋다. 이 마음으로 일상을 영위하던 어느 날, 시인의 눈에 드디어 고개를 떨군 치자나무 이파리가 "주름진 얼굴 뼛속까지 태우고" 가을볕을 받는 장면이 들어온다. "단풍일까/ 무지개일까"라고 시인은 묻지만, 단풍이 됐든 무지개가 됐든, 치자나무는 늦가을의 정취를 흠뻑 즐기고 있다. 이금호 시를 관류하는 무심의 시학이 이른 자리를 우리는 여기서 분명히 확인할 수 있을 것이다.

초판인쇄 | 2024년 12월 16일
초판발행 | 2024년 12월 20일

저　　자 | 이금호
펴 낸 곳 | 제3의 문학

주　　소 | 경기도 여주시 세종대왕면 능서공원길 145-14
전　　화 | Seoul Office / (02)2279-3357~8
E-mail | 3munhak@hanmail.net

출판등록 | 2000. 8. 21 제1-2727호

ⓒ 이금호 2024, printed in Seoul, Korea
가　　격 | 10,000원

ISBN 979-11-92347-19-6

잘못 만들어진 책은 바꾸어 드립니다.
저자와의 협의하에 인지 생략